AF221500

So lebt

Berchtesgaden

Der perfekte Reiseführer für einen unvergessli-chen Aufenthalt in Berchtesgaden inkl. Insider-Tipps und Packliste

Vanessa Grapengeter

Alle Ratschläge in diesem Buch wurden sorgfältig erwogen und geprüft. Eine Garantie kann dennoch nicht übernommen werden. Eine Haftung für jegliche Personen-, Sach- und Vermögensschäden ist daher ausgeschlossen. Die Benutzung dieses Buches und die Umsetzung der darin enthaltenen Informationen erfolgt ausdrücklich auf eigenes Risiko.

✈ INHALT

Das erwartet Sie in diesem Buch

Raus aus dem Alltag – rein in die Natur. Dann ab nach Berchtesgaden. Inmitten der Alpenregion Südostbayern liegt diese wunderschöne Region *Berchtesgadener Land*. Saftige Wiesen, teilweise unberührte Natur, gewaltige Gebirgszüge, markante Schluchten und naturbelassene Bereiche am Berg und im Tal. All das vereint das Biosphärenreservat Berchtesgadener Land. Die Einheimischen identifizieren sich mit dem Tourismus in ihrer Region, halten aber dennoch fest an

Traditionen und Brauchtum. Auch dies macht Berchtesgaden und sein Umland so idyllisch. Sie werden sicher entschleunigt, egal, welche Art von Urlaub Sie planen.

Damit Sie ohne aufwendige Suche relativ zügig an Ihre Ziele kommen, haben wir diesen Urlaubsbegleiter für Sie entwickelt. Ob allein, als Paar oder als Familie, dieses Urlaubsziel bietet Ihnen alle Möglichkeiten, egal, in welcher Konstellation Sie reisen. Wir haben den Urlaubsbegleiter so aufgeteilt, dass Sie nicht lange suchen müssen. Zu den beschriebenen Themen liefern wir Ihnen Informationen, Wissenswertes und allerlei Fakten. Gleichzeitig wollen wir Ihnen auch die Region näherbringen und die Entstehung dieses einmaligen Nationalparks erläutern.

Wollen Sie sich aktiv erholen und dabei eine der schönsten Ecken Bayerns genießen? Suchen Sie sportliche Aktivitäten im Berchtesgadener Land, haben wir tolle Strecken und einige wertvolle Tipps zu fast 240 km Wanderwegen ausgesucht. Zu jeglicher Schwierigkeitsstufe, für jedes Alter und jede Mobilität ist etwas dabei. Keine Lust auf Wandern, Sie wollen mehr Action? Auch kein Problem. Diese Alpenregion bietet genügend Möglichkeiten an sportlichen

Aktivitäten. Da werden wir fündig. Sie machen Urlaub als Familie? Wir kennen das „Mir ist langweilig" der Kinder nur zu gut. Hierfür gibt es in und um Berchtesgaden genügend In- und Outdoor-Attraktionen. Ihre Kinder werden den Urlaub im Süden Deutschlands nicht mehr vergessen. Viele der Generation Mitte waren als Kind schon zu Gast im Berchtesgadener Land. Wenn Sie jetzt mit Ihren Kindern wieder kommen, ist das das größte Kompliment.

Sie wollen ausspannen, aber kulturell etwas geboten bekommen? Tradition und Brauchtum sind ein fester Bestandteil dieser Region. Zu jeder Jahreszeit finden diverse Veranstaltungen rund um verschiedene Themenbereiche statt. Dazu ein romantisches Abendessen zu zweit oder ein deftiger Wirtshausbesuch mit der Familie? Auch hierfür bietet die Region rund um Berchtesgaden kulinarische Köstlichkeiten.

Sind Sie auf der Suche nach einem Urlaubsziel und zufällig an Berchtesgaden geraten? Umso besser! Geben Sie uns die Chance, Sie für diese Urlaubsregion zu begeistern. Wir würden uns freuen, Sie im Berchtesgadener Land begrüßen zu dürfen.

Berchtesgaden an sich

HISTORIE

Erstmalig erwähnt ist Berchtesgaden um 1100. Wie in der damaligen Zeit üblich in Verbindung mit einem Kloster, hier genau mit einem Augustiner Chorherrenstift. Im 15. Jahrhundert entstand das Fürstentum Berchtesgaden unter der Regentschaft der Wittelsbacher. Selbst heute noch nutzt der Chef des Hauses Wittelsbach, Herzog Franz von Bayern, das 1102 im Kern erbaute Schloss Berchtesgaden als Sommerresidenz. Zu Zeiten Napoleons und der Säkularisation wechselte Berchtesgaden von 1803 bis 1816 viermal die landespolitische Zugehörigkeit. Beginnend im

Kurfürstentum Salzburg wechselte Berchtesgaden über Österreich zum napoleonischen Frankreich. Erst mit der Neuordnung Europas 1810 bekam das Fürstentum seinen Platz im Königreich Bayern.

Traurige Berühmtheit erlangte Berchtesgaden im Zweiten Weltkrieg, da Adolf Hitler und seine Nationalsozialisten den Obersalzberg für ihre Zwecke nutzten. Anfangs noch als Feriendomizil, später als Wohnsitz genutzt, baute Adolf Hitler den Berghof nach und nach zu seiner repräsentativen Residenz aus. Auch Göring, Speer und Bormann besaßen Häuser am Obersalzberg. Dadurch zählte dieser zum Führersperrgebiet. Einheimische wurden zwangsenteignet und vertrieben. Neben der Reichskanzlei in Berlin war der Obersalzberg die zweite Schaltzentrale der Macht. Im April 1945, kurz vor Hitlers Selbstmord, bombardierten britische Bomber durch einen Luftangriff den Obersalzberg, wodurch fast alle Gebäude zerstört wurden. Der Ort Berchtesgaden und das Kehlsteinhaus blieben durch die Luftangriffe nahezu unversehrt. Im Mai 1945, kurz nach Kriegsende, wurde das zerbombte Areal von US-Truppen besetzt. Die NSDAP-Grundstücke gingen an den Freistaat Bayern über, wurden aber von den US-

Truppen weiterhin genutzt. Die Wohnhäuser bzw. Ruinen der damaligen Größen wurden allerdings dem Erdboden gleichgemacht und gesprengt, um jeglichen Kult zu unterbinden. Das Kehlsteinhaus, damals erbaut von Martin Bormann, überstand den Bombenhagel und ist bis heute erhalten.

In der Nachkriegszeit und den Wirtschaftswunderjahren erlebte Berchtesgaden einen Tourismusboom, der bis in die 90er Jahre angehalten hat. Im Jahr 1978 wurde der Nationalpark Berchtesgaden gegründet, der 1990 von der UNESCO als Biosphärenreservat ausgewiesen wurde.

WISSENSWERTES

Der Obersalzberg ist seit 1999 eine Dokumentationsstätte zum NS-Terror. Integriert sind neben einer Dauerausstellung auch wechselnde Ausstellungen. Gezeigt werden hier nicht nur die Geschehnisse um den Obersalzberg, sondern des gesamten NS-Terrors. Im Kehlsteinhaus, nahezu original erhalten, befindet sich heute eine Berggaststätte. Mit dem PKW können Sie bis zum Obersalzberg fahren, dann geht es nur mit Bussen weiter zum Kehlsteinhaus. www.obersalzberg.de und www.kehlsteinhaus.de

GEOGRAFIE

Berchtesgaden liegt ca. 150 km südöstlich von München und 24 km von Salzburg im Biosphärenreservat Berchtesgadener Land. Die Marktgemeinde liegt in der hochalpinen Region der Berchtesgadener Alpen, umrahmt vom majestätischen Watzmann (2713 m), dem Steinernen Meer mit der Schönfeldspitze (2653 m) sowie dem Hagengebirge mit dem Hohen Göll (2522 m) und seinem kleinen Bruder, dem Jenner (1874 m). Der Südostzipfel Deutschlands wird von Österreich umrahmt und befindet im Dreieck Salzburg-Bischofshofen-Lofer. Der Watzmann, zweithöchster Berg Deutschlands nach der Zugspitze, ragt auffallend empor. Seine Silhouette ist das Markenzeichen einer gesamten Region. Er entstand vor ca. 200 Millionen Jahren aus einer Überlagerung von Kalk- und Dolomitschichten und gilt nach einer Umfrage unter 1.300 Lesern im Magazin BERGSTEIGER im Jahr 2014 als „der schönste Berg der Welt".

WISSENSWERTES

Das Berchtesgadener Land diente schon mehrfach als Filmkulisse. Neben den Klassikern „Schloss Hubertus" oder „Jäger von Fall" fanden auch aktuelle Filme („Nordwand", „Vaterfreuden") Verwendung für diese unvergessliche Naturkulisse. Der „Tatort" drehte auch schon hier, ebenso wie George Lucas mit seinem „Indiana Jones" (fuhr auf der Rossfeldstraße nach Österreich).

Berühmte Literaten ließen sich von Berchtesgaden und der atemberaubenden Kulisse inspirieren. Adalbert Stifter, eigentlich als Schriftsteller bekannt, zeichnete vom Malerwinkel aus den Königssee mit Watzmann und Theodor Storm ließ Begegnungen in Berchtesgaden in seine Novelle Polo Poppenspäler mit einfließen. Der Norweger Henrik Ibsen verbrachte 27 Jahre im freiwilligen Exil, viele Jahre davon in München und Berchtesgaden.

Die fünf Gemeinden des Talkessels im Landkreis Berchtesgadener Land (Berchtesgaden, Bischofswiesen, Schönau a. Königssee, Marktschellenberg und Ramsau) wurden mit einer Sondergenehmigung des Deutschen Bäderverbandes zu Deutschlands einzigem „Heilklimatischen Kurgebiet" zusammengefasst.

ANREISE

Egal, wie Sie anreisen. Sie fahren durch eine atemberaubende Landschaft, durch eine tolle Natur- und Bergwelt in den südöstlichsten Zipfel Deutschlands. Mit jedem Kilometer, den Sie näher an Ihr Urlaubsziel kommen, spüren Sie mehr und mehr die Anziehungskraft dieser Region. Lassen Sie sich packen von den Eindrücken des Berchtesgadener Landes.

Falls Sie mit dem PKW aus Deutschland anreisen, fahren Sie auf der A8 München-Salzburg und nehmen die Ausfahrt Bad Reichenhall. Fahren Sie Richtung Bad Reichenhall (B21) und ab da auf der B20 Richtung Berchtesgaden. Alternativ können Sie die Ausfahrt Traunstein/Siegsdorf nehmen. Von dort aus die B306 Richtung Inzell und dann die B305 Richtung Berchtesgaden (bitte nicht mehr Richtung Bad Reichenhall). Die B305 ist Teil der Deutschen Alpenstraße und dient Berchtesgaden als Umgehungsstraße. Bei der Anreise aus der Schweiz folgen Sie der A96 über Lindau und Memmingen nach

München.

Kommen Sie aus Österreich (Wien) angereist, nutzen Sie bitte die Autobahn A1 und wechseln nach Salzburg auf die Tauernautobahn A10 (Vignetten-pflicht!). Hier nehmen Sie die Ausfahrt Salzburg-Süd und fahren auf der B160 (Alpenstraße) Richtung Marktschellenberg. Die Straße wechselt ab der deutschen Grenze den Namen und heißt nun B305. Auf dieser fahren Sie bis Berchtesgaden. Kommen Sie aus dem südlichen Österreich (Villach), fahren Sie die Tauernautobahn A10 Richtung Norden und nehmen die Ausfahrt Hallein. Halten Sie sich auf der B159 Richtung Hallein/Aufeld/St. Leonhard. Sie werden auf die B160 geführt und fahren darauf auch über die B305 durch Marktschellenberg nach Berchtesgaden.

Reisen Sie mit dem Zug an, steigen Sie direkt am Hauptbahnhof Berchtesgaden aus. Es stehen weitere Regionalzüge und Busse der RVO zur Verfügung, sodass Sie bequem an Ihr Reiseziel kommen. Berchtesgaden ist sogar per Schnellstrecke (Hamburg-Berchtesgaden) mit dem ICE Königssee zu erreichen.

Für Ihre Anreise mit dem Flugzeug ist der Salzburg Airport W.A. Mozart Ihr Zielflughafen. Nach

Ihrer Landung kommen Sie mit dem Bus zum Hauptbahnhof. Von dort kommen Sie per Zug nach Berchtesgaden. Die Zugverbindung ist gut, fast stündlich fahren Züge ins Berchtesgadener Land. Die Fahrtzeit von Salzburg Hbhf bis Berchtesgaden Hbhf beträgt ca. 1 Stunde.

HINWEISE

Bei Anreise mit dem PKW kann es sein, dass Ihr Navigationsgerät Sie auf der A8 München-Salzburg über Österreich nach Berchtesgaden lotst, da dies meist als wirtschaftlichste Strecke voreingestellt ist. **Achtung – Vignettenpflicht**. Auch wenn Ihr Navi Sie nicht herunterlotst, rentiert sich eine Abfahrt Traunstein oder Bad Reichenhall. Es dauert zwar etwas länger, man wird aber durch die wunderschöne Landschaft entschädigt.

Sie erhalten bei Ihrem Gastgeber eine Gäste- bzw. Kurkarte. Mit dieser können Sie Busse kostenlos nutzen (Sonderfahrten gegen Gebühr oder Aufpreis). Mit dieser erlangen Sie auch weitere Vergünstigungen in verschiedenen Bereichen. Mit der Tourismuskarte der Region Bad Reichenhall können auch die Züge der Berchtesgadener Land Bahn gratis genutzt werden.

Berchtesgaden für Aktive

WANDERN

Im Berchtesgadener Land stehen ca. 240 km an Wanderwegen zur Verfügung. Egal, mit welchen Wünschen und Vorstellungen Sie suchen, Sie werden fündig werden. Allein, als Gruppe oder in der Familie, in einer geführten Gruppe oder mit Guide. Selbst Themenwanderungen werden angeboten. Die gut ausgebauten Wege sind beschildert und nach den Kriterien des Deutschen Alpenvereins bewertet.

Gelber Punkt: Barrierefreier Weg, breit ausgebaut, keine oder geringe Steigungen. Hier besteht keine Absturzgefahr.

Blauer Punkt: Einfacher Weg, schmal angelegt, mit steilen Passagen ohne Absturzgefahr.

Roter Punkt: Mittelschwerer Weg, schmal und steil angelegt. Hier sind drahtseilgesicherte Stellen zu passieren, kurze absturzgefährdete Passagen.

Schwarzer Punkt: Schwerer Weg, schmal und steil, drahtseilgesicherte Stellen.

Bei den Strecken rot und schwarz sind ebenso eine gute Kondition und ein gewisses Maß an Erfahrung vorauszusetzen.

Aufgrund der vielen zur Verfügung stehenden Routen ist es unmöglich, alle aufzuzählen. Wir haben die aus unserer Sicht interessantesten beiden der jeweiligen Kategorie zusammengefasst.

Rundwanderweg St. Bartholomä (gelb): Von der Schiffsanlegestelle am Königssee, St. Bartolomä, laufen Sie Richtung Infostelle und rechts weiter (Weg

443). Am Ufer entlang kommen Sie zum Ausgangspunkt zurück. Für diese 2 km lange Strecke werden 2 Stunden berechnet. Dies bitte beachten, falls Sie ein Schiff erreichen müssen. Der Weg ist ganzjährig begehbar.

Klausbachtal (gelb): Ausgehend vom Klausbachhaus am Hintersee wandern Sie an der Lahnwald-Diensthütte vorbei bis zur Hängebrücke (Weg 481). Sie können auf dem gleichen Weg zurück oder die kürzere Teerstraße nutzen. Die 7 km lange Strecke ist ganzjährig nutzbar, die Hängebrücke ist im Winter allerdings gesperrt. Für die Strecke planen Sie bitte ca. 3 Stunden ein.

Wimbachtal (blau): Dieser Wanderweg, auch familientauglich, zieht sich durch die imposante Wimbachklamm. Entlang des Wimbaches laufen Sie zur Gaststätte „Wimbachschloss". Sollten Sie noch nicht genug haben, geht es weiter zur „Wimbachgrieshütte". Für die ca. 8,5 km sind 4 Stunden Laufzeit berechnet. Sie kommen auf dem gleichen Weg zurück. Dieser Weg ist nur von Mai bis Oktober zugänglich.

Kühroint-Alm (blau): Etwas anspruchsvoller ist die Wanderung zur Kühroint-Alm. Für die 14 km lange Strecke zwischen Watzmann und Königssee starten Sie am Parkplatz Hammerstiel, an der Schapbachalm vorbei zur Kühroint-Alm. Hier gibt es auch eine Übernachtungsmöglichkeit. Der Abstieg erfolgt über den Grünsteig zurück zum Ausgangspunkt. Auch diese Strecke ist nur von Mai bis Oktober geöffnet, geplant sind ca. 5 Stunden Laufweg.

Halsalm-Rundweg (rot): Kurz, aber knackig. So lässt sich der Rundweg wohl am ehesten beschreiben. Los geht´s am Klausbachhaus auf einem steilen Anstieg zur Halsalm (Tipp: Käsebrot und frische Milch probieren!). Über einen steilen Abstieg („Antonigraben") geht es wieder zurück zum Hintersee. Der Weg ist Teil der Adlerwanderung, für seine ca. 5 km werden gute 3 Stunden Zeit eingeplant. Auch diese Strecke ist nur von Mai bis Oktober begehbar.

Funtensee-Wanderweg (rot): Bei dieser langen Tour (29 km) gibt es einiges zu beachten. Sie fahren mit dem ersten Schiff auf dem Königssee zur Haltestelle St. Batholomä. Dort geht es weiter in die

Saugasse (Weg 412), in der Sie in Kürze dank 36 Kehren lockere 400 Höhenmeter überwinden. Es geht weiter in das Kärlingerhaus am Funtensee (Übernachtung möglich). Vom Kärlingerhaus starten die meisten Wanderungen im „Steinernen Meer", das Sie auf dieser Wanderung streifen. Für diese Tour sind bis zu 9 Stunden Laufweg möglich. Sollten Sie eine Tagestour planen, müssen Sie unbedingt die Abfahrtszeiten der Schiffe in St. Bartholomä beachten. Diese Strecke ist nur im Sommer geöffnet.

Reiteralm (schwarz): An der Infostelle Hintersee wandern Sie Richtung Halsalm. Über den Böslsteig kommen Sie auf das Reiteralm-Plateau. Jetzt befinden Sie sich auf gut 2.100 m. Der Abstieg erfolgt über die Traunsteiner Hütte (Übernachtungsmöglichkeit mit Doppel-/Viererzimmern und Matratzenlager) und über den Wachtersteig zum Parkplatz „Schwarzbachwacht". Für diese 28 km sind ca. 6 Stunden Aufstieg und ein dreistündiger Abstieg eingerechnet.

Watzmann-Überquerung (schwarz): DAS Highlight, praktisch DIE Königswanderung im

Berchtesgadener Land ist die Watzmann-Überquerung. Für diese 25 km ist eine Übernachtung dringend empfohlen. Los geht es an der Wimbachbrücke (mit dem Start am Hammerstiel sparen Sie 100 Höhenmeter), weiter über die Mitterkaseralm zum Watzmannhaus (Übernachtung). Zum Start am nächsten Tag geht es über den Hocheck und die Mittelspitze zur Südspitze (sehr schmaler Wandergrat). Dort bekommen Sie einen atemberaubenden Blick von oben auf die berüchtigte Ostwand hinunter auf den Königssee. Der Abstieg erfolgt über die Wimbachgrieshütte und die Wimbachklamm zum Ausgangspunkt.

Für die schwarzen Strecken benötigen Sie alpine Erfahrung, absolute Schwindelfreiheit, Trittsicherheit und eine entsprechende Kondition. Beide Strecken sind nur im Sommer möglich.

WISSENSWERTES

Der Rekord für die Watzmann-Überschreitung liegt bei 3 Stunden 6 Minuten und 55 Sekunden, aufgestellt von Toni Palzer im Juli 2018. Der Sportsoldat bewältigte diese Strecke im Dauerlauf.

Ein besonderes Highlight möchten wir gesondert erwähnen – die Wanderung zur Fischunkelalm mit dem Röthbachfall, den mit 470 m höchsten Wasserfall Deutschlands. Fahren Sie mit dem Schiff auf dem Königssee bis zur Saletalm, dann geht es weiter am Obersee vorbei zur Fischunkelalm. Genießen Sie dabei den Ausblick auf das klare Wasser des kleinen Bruders vom Königssee. Laufen Sie der Beschilderung nach Richtung Talschluss, dann werden Sie nach ca. 20 Minuten den Röthbachfall erreichen. Dieser Wasserfall fließt unterirdisch weiter in den Obersee. Von Salet bis zum Röthbachfall sind es ca. 4 km. Die Strecke ist für einen Kinderwagen ungeeignet. Haben Sie Kleinkinder dabei, empfehlen wir eine „Kraxe", ein Tragegestell für den Rücken. Diese können Sie ausleihen, fragen Sie dazu Ihren Gastgeber. Die Strecke führt auf dem gleichen Weg zurück.

WISSENSWERTES

700 m weiter nördlich vom Röthbachfall kommen Sie zu Deutschlands zweithöchstem Wasserfall, dem Landtalfall (410 m). So haben Sie die beiden höchsten Wasserfälle Deutschlands innerhalb einer halben Stunde besichtigen können.

Besondere Erlebnisse sind Klammwanderungen, daher möchten wir diese extra erwähnen. Eine Klamm entsteht meist durch eine Gletscherschmelze. Durch das Gletscherwasser, sicher auch bedingt durch Niederschläge, werden zwei zusammenhängende Landmassen geteilt. Hierdurch entstehen Schluchten und Täler, eine Klamm. Entsprechend ist dann auch die Optik. Hohe Felsen, tiefe Wasserfälle und Schluchten sowie wilde, teilweise unberührt wirkende Natur. Im Berchtesgadener Talkessel befinden sich gleich drei dieser Zeitzeugen jahrtausendealter Erosionen. Bitte beachten Sie im Vorfeld die Öffnungszeiten. Eine Klamm ist im Winter und auch danach, bis die Schneeschäden behoben sind, gesperrt.

Die Almbachklamm liegt bei Marktschellenberg und teilt am Untersberg den Ettersberg und Maria Gern. Die 3 km lange Strecke ist die schönste Klamm in der Region. Über den gut ausgebauten Steig benötigen Sie dennoch gutes, rutschfestes Schuhwerk. Mit einem Kinderwagen lässt sich diese Schlucht nicht begehen, mit Hunden haben Sie kein Problem.

Die Wimbachklamm liegt in Ramsau zwischen Watzmann und Hochkalter und führt ins Wimbachtal. Diese Klamm ist meist Ausgangspunkt für größere Wanderungen Richtung Wimbachgries und weiter. In dieser nur 300 m langen Klamm können Sie nach dem Passieren des Drehkreuzes am Ende nicht mehr zurücklaufen. Sie können diese aber umgehen. Vor allem in dieser Klamm erkennen Sie die Kraft des Wassers und entdecken, welchen Weg der Wimbach in diese Schlucht geschlagen hat. Auch hier ist der Kinderwagen ungeeignet, da es viele rutschige Stellen gibt.

Ein Geheimtipp ist die Aschauerklamm in Schneizlreuth. Diese Klamm trennt den Aschhorn und den Wartstein. Sie ist bei weitem nicht so wuchtig und spektakulär wie die anderen beiden, dafür aber familientauglich (allerdings nicht mit Kinderwagen). Der ca. 2,5 km lange Rundweg führt meist am Aschauer Bach entlang, beginnt und endet am Haiderhof.

HINWEISE

Wanderkarten bekommen Sie von Ihrem Gastgeber, detaillierte Ausführungen an jeder Tourismus-Information. Wenn Sie sich bisher nicht mit Wandern beschäftigt haben, kann es durchaus sein, dass Sie sich von dem Angebot „erschlagen" fühlen. Es ist daher sehr ratsam, sich im Vorfeld schon mal mit möglichen Routen, innerhalb der Fähigkeiten und Wünsche, auseinanderzusetzen.

Auf den Wegweisern finden Sie, neben der Streckenlänge, auch immer Zeitangaben. Lassen Sie sich davon nicht abschrecken. Das sind Maximalangaben, sozusagen die langsamste Zeit. Nichtsdestotrotz sollten Sie die Uhr im Auge behalten, gerade wenn es im Anschluss mit öffentlichen Verkehrsmitteln weiter gehen soll (v.a. Schiffe in St. Bartholomä am Königssee).

SONSTIGE SPORTMÖGLICHKEITEN

Neben dem Wandern gibt es noch weitere Möglichkeiten, sportlichen Aktivitäten nachzugehen. Die interessantesten haben wir hier für Sie aufgezählt.

Radeln

Im Berchtesgadener Land befinden sich ca. 570 km gut ausgebaute Radwege, unterteilt in ca. 15 Touren. Hinzu kommen noch vier Touren in das benachbarte Österreich. Die Konzeption ist so angedacht, dass alle Radwege systematisch miteinander vernetzt sind. Sie können von Ihrem Quartier relativ nah auf einem Radweg einsteigen und über die Vernetzung abkürzen oder durch Zusammenlegen einzelner Wegstrecken Ihre Tour beliebig verlängern. Die Radwege sind mit farbigen Logos in beide Richtungen beschildert und Rundkurse. Ausnahme ist der Familienradweg in Bad Reichenhall. Eingebettet in das Streckennetz wurden Parkplätze (Parken ist ganztags möglich) und Bahnhöfe.

Mountainbiker

Für die Mountainbiker bleibt kein Wunsch unerfüllt. Sie können aus 25 Touren (16 davon Rundkurse) und 700 Streckenkilometern bei 22.700 Höhenmetern die beste Route aussuchen. Auch diese Touren sind ausreichend beschildert und mit unterschiedlichen Schwierigkeitsgraden ausgestattet. Almtouren, Befahren von Berghütten, saftige Anstiege oder rasante Abfahrten. Es ist alles möglich, Downhill finden Sie allerdings nicht. Bitte bleiben Sie auf den gekennzeichneten Wegen – der Natur zuliebe!

E-Biker

Sie befinden sich in der 1. Movelo-Region Europas. Die Firma movelo hat sich den Umweltschutz zum Ziel gesetzt und organisiert den Verleih von E-Bikes. An zahlreichen Stationen können Sie sich Räder leihen. An den movelo Verleih- und Ladestationen können Sie aber auch Ihr eigenes Bike oder den mitgebrachten Ersatzakku laden. Durch das enge Netz an zahlreichen Ladestationen ist Ihr E-Bike ständig betriebsbereit. Ob normales Fahrrad oder Mountainbike, es stehen die oben beschriebenen Strecken zur Verfügung.

Die Radwege können natürlich auch von Joggern, für Nordic Walking und/oder zum Inlinerfahren genutzt werden.

> **HINWEIS**
> Die Mitnahme von Fahrrädern ist in den Zügen der Berchtesgadener Land Bahn kostenlos. Sie können die komplette Region ohne PKW erkunden.

Klettern

In der Region gibt es mittlerweile drei moderne Klettersteige. Für Anfänger steht der „Schützensteig" zur Verfügung. Auch für Kinder, somit also für die Familie, ist der leichte Klettersteig geeignet. Die Klettersteige „Grünstein" und „Hochthron Klettersteig" sind hingegen für geübte Kletterer. Beim Klettern ist absolute Schwindelfreiheit, Kraft und Ausdauer erforderlich. Für die Begehung der Klettersteige ist Erfahrung im Klettern und im Umgang mit der Ausrüstung dringend erforderlich. Vollzählige Ausrüstung wird vorausgesetzt.

Sollten Sie Interesse am Klettern haben, aber bisher keine Erfahrung, empfehlen wir Ihnen die Kletterschule in Berchtesgaden (www.klettersteig-schule.de).

Segway und Quad

Sie können die Umgebung auch auf zwei oder vier Rädern erkunden. Segway Touren erfreuen sich immer größerer Beliebtheit. Sie können allein oder in Gruppen zu einer Tour aufbrechen. Nur weil Sie auf zwei Rädern unterwegs sind, heißt das nicht, dass Sie sich nur im Tal bewegen. Auch in den Bergen, also Offroad, kommen die elektrischen Zweiräder zum Einsatz (geführte Touren, zumindest mit Guide). Unterstützung bei der Planung finden Sie bspw. unter www.mountain-move.de.

Sollten Sie sich auf vier Rädern sicherer fühlen, empfehlen wir Ihnen den Mountain Cruiser, ein Quad mit 500 ccm. Brettern Sie über Wiesen, Stock und Stein und touren Sie mit Ihrem Guide oder in der Gruppe durch das Gebirge (www.echt-posch.de/sommer-touren/quad). Rückenprotektoren und Helm werden vom Verleiher gestellt. Festes Schuhwerk und witterungsentsprechende Kleidung sind sehr sinnvoll.

HINWEIS

Das Quad darf nur mit einem Führerschein der Klasse B gefahren werden, Mindestalter somit 18 Jahre. Sollten im Führerschein erforderliche Notwendigkeiten eingetragen sein (Brille), sind diese auch dringend mitzuführen.

Berchtesgaden für Familie

Neben den erwähnten Wanderungen und Radtouren, die natürlich auch als Familie möglich sind, bietet Berchtesgaden und sein Umland weiterhin attraktive Möglichkeiten, der Langeweile zu umgehen. Wir haben die wichtigsten zusammengefasst.

INDOOR

Watzmann Therme

Bei schlechtem Wetter bietet sich immer ein Schwimmbad an. Die Watzmann Therme in Berchtesgaden bietet neben dem Panorama des Watzmann-Massivs eine Zeit der Entspannung an. Die Kids können sich in der Therme austoben. Bei Rutschen, Erlebnisbecken und Strömungskanal sollte keine Langeweile aufkommen. Für die Eltern bietet sich die Sauna oder ein Wellnessbereich an, um die Seele baumeln zu lassen.

Eishalle Berchtesgaden

In der Eishalle Berchtesgaden kann man ganzjährig Schlittschuh laufen. Besonders interessant ist das Kombi-Ticket, bei dem 4 Stunden Eintritt in die Watzmann Therme mit dem Eintritt in die Eishalle verbunden sind.

Salzbergwerk mit Salzheilstollen

Seit fast 500 Jahren existiert das Salzbergwerk in Berchtesgaden. Ein beeindruckendes Monument deutscher Industriegeschichte. Nachdem Sie mit der Grubenbahn ca. 100 m unter Tage gefahren sind, tauchen Sie ein in die Geschichte des Salzabbaus. Die Kinder werden begeistert sein vom magischen Salzraum oder vom Spiegelsee, die mit Farb- und Lichteffekten beeindruckend dargestellt werden. Der Fun kommt auch nicht zu kurz. Auf zwei Rutschen, eine davon mit ca. 40 m, wechseln Sie die Ebenen im Berginneren. Die Gesundheit kommt auch nicht zu kurz im Salzbergwerk Berchtesgaden. Im Salzheilstollen herrscht ein besonderes Klima. Bei 85 % Luftfeuchtigkeit und dem besonderen Sole-Klima werden die Selbstheilkräfte aktiviert und Krankheiten wie Asthma, Bronchitis, Heuschnupfen gelindert. Einen positiven Effekt erfahren Sie auch bei psychosomatischen Erkrankungen wie Schlafstörungen oder Tinnitus. Die besondere Atmosphäre rundet den Besuch im einzigen Salzheilstollen Westeuropas vollends ab. Für den Besuch des Stollens ist eine Reservierung erforderlich.

Haus der Berge

Um das Haus der Berge zu beschreiben, ist nahezu ein eigenes Buch nötig. 2013 erst erbaut, erfreut es sich allerhöchster Beliebtheit. Alle Infos rund um den Nationalpark, Wälder und Wiesen, Berge und

Täler, Tier- und Pflanzenwelt sind dort vereint. Wechselnde Angebote im Bildungsprogramm oder diverse Veranstaltungen, gepaart mit Informationszentrum und interaktiven Programmen runden den Besuch im Haus der Berge ab. Das Gebäude ist ganzjährig geöffnet und weitestgehend barrierefrei.

Schloss Berchtesgaden und Rehmuseum

Zugegeben, es hört sich etwas trocken an, ist es aber keineswegs. In den Stallungen des königlichen Schlosses Berchtesgaden sind über 1.500 Tierschädel ausgestellt. Herzog Albrecht von Bayern erforschte die Lebensbedingungen des Wildes und die Auswirkungen dessen auf die Entwicklung der Wildtiere. Hierfür erhielt der Herzog die Ehrendoktorwürde der Ludwig-Maximilians-Universität München.

Das königliche Schloss Berchtesgaden zeichnet sich durch unterschiedliche Stilepochen aus. Im Laufe der Jahrhunderte wurde das Schloss immer wieder verändert und erweitert. Nach wie vor ist es im Besitz der Wittelsbacher, für die es ab 1818 als Jagdschloss diente. Im Schloss sind wertvolle Jagdtrophäen und Waffen ausgestellt. Man sagt, der

Blick aus dem Oberen Rosengarten auf den Watzmann sei der schönste in der ganzen Region.

WISSENSWERTES

Im königlichen Schloss ist das schwerste Hirschgeweih Bayerns ausgestellt. Die Jagdtrophäe wiegt sage und schreibe 18 kg.

Die Besichtigung des Schlosses kann nur im Rahmen einer Führung erfolgen.

Obersalzberg

Bereits in diesem Buch erwähnt, sind der Obersalzberg und die darin befindliche NS-Dokumentationsstätte. Ein sehr lohnendes Ausflugsziel in das dunkelste Kapitel der deutschen Geschichte, das ganzjährig geöffnet hat. Wir haben uns bewusst für eine Nennung unter dem Punkt „Familie" entschieden, dennoch möchten wir Sie darauf hinweisen, dass aufgrund der dort ausgestellten Bilder und dem zur Verfügung gestellten Film- und Tonmaterial der Besuch für Kinder unter 12 Jahren nicht empfohlen ist.

OUTDOOR

Raus an die frische Luft. Nach den Vorschlägen bei schlechtem Wetter kommen hier die besten Tipps für draußen.

Märchenpfad

Zwar haben wir das Wandern bereits abgearbeitet, dennoch sollte bei den Outdoor Möglichkeiten für Familien der Märchenpfad nicht fehlen. Am Start, dem Parkplatz Aschauerweiher (oder an der Tourismus Info Bischofswiesen), erhalten Sie einen Flyer für das Märchenquiz. Mit den Fragen rund um Märchen und der Wanderstrecke wird ein simpler Waldspaziergang zum Erlebnistrip. Geöffnet von April bis November.

Sommerrodelbahn

Die Sommerrodelbahn Hochlenzer am Obersalzberg bietet 600 m pures Fahrvergnügen. Mit zwei Jumps und einem 15%igem Gefälle erreichen die Bobs bis zu 40 Stundenkilometer in der Metallrinne. Am Ende werden Sie mit einem Seilzug wieder nach oben befördert. Für die Kleineren gibt es neben der Sommerrodelbahn noch eine kleine Cart-Bahn und andere

Spielgeräte. Diese befindet sich beim Gasthof Hochlenzer.

Rafting

Zugegeben, nicht ganz alltäglich, aber es bietet sich aufgrund der natürlichen Begebenheiten definitiv an. Eine Raftingtour auf der Berchtesgadener Ache. Die Tour ist nicht zu schwierig, für Einsteiger und vor allem für Kinder ab 6 Jahren bestens geeignet (Schwimmkenntnisse erforderlich, Minderjährige nur in Begleitung Erwachsener oder mit deren Zustimmung). Die „Rafter" sollten mit Badesachen, einem Handtuch und festen Schuhen ausgestattet sein. Und JA – Sie werdet nass! Am ganzen Körper.

Minigolf

Am Luitpoldpark erwartet Sie eine großflächig angelegte Minigolfanlage. Die standardmäßige 18-Loch-Bahn lädt Jung und Alt, Klein und Groß zum Minigolf ein. Highlight ist sicherlich die abendliche Beleuchtung der Bahn.

Spielplätze

Spielplätze finden Sie in Berchtesgaden im Zentrum (nähe Marktbücherei), an der Bacheifeldschule und am Kongresshaus „Gräfin-Waldersee-Siedlung". Der Spielplatz im Zentrum ist auf dem neuesten Stand.

Seilbahn

Eine besondere Attraktion, verbunden mit einer Wanderung, ist eine Seilbahnfahrt. Sowohl mit Obersalzbergbahn als auch mit der Jennerbahn (Schönau) geht es über 1.000 m hoch hinaus. In der Gondel der Jennerbahn haben Sie einen unbeschreiblichen Blick auf den Königssee.

Solegradierwerk

Die Gemeinden im Berchtesgadener Land liegen im heilklimatischen Kurgebiet. Daher sind hier auch Solegradierwerke zu finden. Diese erfreuen sich besonders bei Pollenallergikern, Asthmatikern oder Lungenkranken sehr großer Beliebtheit. Es handelt sich hierbei um offene Rondelle, meist mit Schindeln bedacht, in denen Solewasser über Schwarz- oder Weißdornbündel rinnt. Diese mit Bündel hochgezogenen Wände sind ebenfalls rund angeordnet. Durch das Beträufeln der Bündel erhöht sich der Salzgehalt in der Luft, die Atemwege werden befeuchtet und Atembeschwerden werden gelindert. Die feinen Salzkristalle wirken auch sekretlösend und abschwellend. In den Solegradierwerken wird somit der gleiche Effekt erzeugt wie am Meer, Sie atmen also praktisch Seeluft. Setzen Sie sich auf die bequemen Holzbänke, lassen Sie sich fallen und atmen Sie tief und vor allem bewusst ein. Die plätschernde Sole wird Sie fast schon meditativ in die innere Ruhe begleiten. Um den gesundheitlichen Effekt zu verstärken, können Sie sich auch innerhalb des Rondells, also zwischen die Bündel, setzen.

Schon 30 Minuten genügen, um eine Wirkung zu erzielen. Im Berchtesgadener Land befinden sich zwei Solegradierwerke. Eines davon steht in Schönau am Königssee. Direkt hinter der Touristeninformation und Gemeindeverwaltung erkennen Sie sofort den markanten Rundbau. Gegenüber befindet sich ein Spielplatz. Sollten Kinder mit dabei sein, können die sich also beschäftigen, während Sie Gesundheit und Erholung einatmen. An der angrenzenden Wiese weiden meist Tiere ab, auch das ist immer ein Magnet für die Kleinsten. Das zweite

Inhalatorium (so der Fachausdruck) befindet sich im Bergkurgarten in Ramsau. Im 12.500 qm großen Garten sind neben dem Solegradierwerk auch sehr viele Wildkräuter und Bergpflanzen sowie ein Barfuß-Parcours angelegt. Das farbenprächtige Areal dient der Erholung für Einheimische und Gäste. Auch der Bergkurgarten bietet einen großen Abenteuerspielplatz für Ihre Kinder. An beiden Standorten befinden sich auch zusätzlich noch Kneippbecken zum Wassertreten. Aber Vorsicht – Gebirgswasser!

Kultur, Tradition und Brauchtum

Ein wichtiger Standort im kulturellen Leben Berchtesgadens ist das Veranstaltungszentrum in der Ortsmitte, auch genannt „Alpen-Congress". Hier finden immer wieder Veranstaltungen jeglicher Art statt. Konzerte, Kabarett und Comedy, Heimatabende, Sachvorträge oder wechselnde Ausstellungen. Selbst Musicals wurden im „AlpenCongress" schon aufgeführt. Für jeden Auftritt findet sich dort dank modernster Technik und verschiedener Bestuhlungsvarianten ein gelungenes

Zuhause. Im Kurgarten, direkt vor dem Kongress-
zentrum, finden in den Sommermonaten auch Open-
Air Veranstaltungen statt. Durch den Online-Veran-
staltungskalender sollten Sie keine Veranstaltung
mehr verpassen (www.veranstaltungen.berchtesga-
den.de/region).

Der „AlpenCongress" kann übrigens auch als Ta-
gungszentrum genutzt werden. Neben zwei großen
Sälen und der Ausstellungshalle stehen auch fünf
kleinere Konferenzräume zur Verfügung. Ausgestattet mit allen technischen Neuheiten sollte es Ihrer
Tagung in diesem herrlichen Ambiente, im Auslauf
des Watzmannmassivs, an nichts fehlen.

HINWEIS

Fast jeden Montag um 17 Uhr findet im „AlpenCongress" eine Begrüßungsveranstaltung statt. Hier gibt
es Hinweise und Tipps für einen gelungenen Urlaub.
Für Fragen steht der Veranstalter natürlich auch zur
Verfügung. Der Eintritt ist mit Gästekarte frei.

Veranstalten Sie Ihre Tagung in Berchtesgaden
und verbinden Sie diese doch mit einem Teamevent
(www.teamwatzmann.de). Der Flughafen Salzburg
ist nur 25 km entfernt.

Kultur und Brauchtum werden im südlichen Deutschland grundsätzlich großgeschrieben. So auch in der Region in und um Berchtesgaden. Neben den Museen und Sehenswürdigkeiten, die teilweise schon beschrieben wurden, wollen wir uns jetzt den Veranstaltungen widmen. Hier dreht sich meistens alles um Trachten und Musik, mit denen ein tief verwurzelter Glaube und die Frömmigkeit der Einheimischen zum Ausdruck gebracht werden. Volkstrachtengruppen, Volksmusik- oder Heimatabende sind daher bei den Urlaubern sehr beliebt. Diese Heimatverbundenheit und das Aufrechterhalten der Traditionen werden von den Gästen auch sehr geschätzt. Die Trachtenvereine haben wieder mehr Zulauf und keine Nachwuchsprobleme mehr, sodass ein Fortbestand dieser Werte gesichert ist. Wir haben ein paar Ideen für Sie zusammengetragen.

VERANSTALTUNGEN

Beim „Aperschnalzen" wird mit einer Art Peitsche „geschnalzt". Die sogenannte „Goaßl" besteht aus einem Holzstiel, an dem ein Hanfseil befestigt ist. Dies wird immer dünner und das Ende ist in Pech getaucht. Um dieses in Pech getauchte Endstück wird ein Bast befestigt. Durch schnelle Richtungswechsel entsteht dann ein lauter Knall. Geschnalzt wird meist mit neun Personen, zumindest immer mit einer ungeraden Zahl. So ein Team nennt man Passe. Mit diesem seit über 200 Jahren existierenden Brauch sollen Kälte und Finsternis vertrieben werden, einige sehen darin auch einen Fruchtbarkeitsbrauch. Daher findet diese Tradition meist im Februar statt. Im Rupertigau treffen sich eine Woche vor dem Faschingssonntag alle Altersklassen zum Preisschnalzn. Dort prämieren sieben unabhängige Preisrichter die besten „Schnalzer". Die Bewertung erfolgt nur nach Gehör. Damit soll vermieden werden, dass, wie in früheren Zeiten üblich, auch besonders aufwendige Trachten mit in die Bewertung flossen und positiv bewertet wurden.

Mit dem Palmsonntag kommen die ersten Farben des neuen Jahres in das Berchtesgadener Land und läuten den Frühling ein. Ein Brauch für die ganze Familie. Die Väter schneiden und binden die Weidenäste, die Mütter und Kinder verzieren diese mit bemalten Holzspänen. Diese bunten Palmbuschen werden in einem feierlichen Zug in die Kirche getragen und dort geweiht, dann bei den Verwandten und Bekannten vorbeigebracht. Die Buschen sind das ganze Jahr in der Nähe. Größere Buschen auf den Feldern und kleinere in einer Ecke mit Christuskreuz in der Wohnung. Dieser Brauch ist seit Jahrzehnten unverändert.

Pfingsten steht in Berchtesgaden ganz im Zeichen der Bergknappen. Zum 500. Geburtstag des Salzbergwerkes im Jahr 2017 fand sogar der damalige Ministerpräsident Horst Seehofer den Weg in das Berchtesgadener Land. Am Pfingstsonntag leitet ein Konzert der Knappschaftskapelle am Schlossplatz die Feierlichkeiten ein. Am Pfingstmontag, dem eigentlichen Festtag, startet die Kapelle der Bergknappen einen Weckruf, dem der große Festzug zur Stiftskirche folgt. Nach einem Dankgottesdienst erfolgt der Umzug durch Berchtesgaden. Die Bergleute tragen dabei ihre Trachten und zusätzlich noch Werkzeuge wie Bergeisen, Haue und Häckel. Der dienstälteste Bergmann trägt das Zunftzeichen, den „Bergmandl".

Nahezu genauso angelegt ist der Trachtenjahrtag. Diesen feiern die Trachten- und Schützenvereine aus dem Berchtesgadener Land in ähnlicher Art und Weise. Auch hier beginnen die Feierlichkeiten mit einem morgendlichen Weckruf. Im Fall der Schützen natürlich mit der „großen Kanone" und entsprechenden Böllerschüssen. Nach einem gemeinsamen Gottesdienst findet ebenfalls ein Umzug, begleitet mit Musik, durch Berchtesgaden statt. Dieser findet mit einem Festmahl und weiteren Feierlichkeiten im AlpenCongress seinen Ausklang. Während die Bergknappen durch ihre weiße Tracht, entsprechend dem Salzabbau, auffallend charakterisiert sind, tragen die Trachten- und Schützenvereine festliche Trachten, die teilweise schon über 100 Jahre alt sind.

Wer einen aufregenden Tag voller Ruhe ausklingen lassen möchte, den können wir die Königsse(e)renade empfehlen. Nach dem letzten Personenschiff auf dem Königssee fahren Sie per Sonderfahrt zur Kirche St. Batholomä. Durch die Ruhe auf dem See, der spiegelglatten Oberfläche und dem vorbeischleichenden Bergmassiv spüren Sie sofort die perfekte Stimmung. In der Kirche St. Bartholomä erwartet Sie ein Musikabend mit Bläsern, Hausmusik und Gesang. Anschließend lassen Sie den Abend feierlich mit einem Mehrgänge-Menü in der historischen Gaststätte St. Batholomä ausklingen, bevor es dann per Fackelspalier wieder per Sonderfahrt zum Nordufer zurückgeht.

> **HINWEIS**
> Die Königsse(e)renade ist außerordentlich beliebt. Da sie nur ein- bis zweimal im Jahr stattfindet, sollten Sie sich rechtzeitig um Karten bemühen. Dieser Ausflug dauert von ca. 18.00 - 23.00 Uhr und wird ein unvergessliches Erlebnis beinhalten.

Genügend Zeit zur Besinnung haben Sie auf der „Almer Wallfahrt". Seit fast 400 Jahren gibt es diese Hochgebirgswallfahrt, sie ist damit die älteste Europas. Beginnend in Maria Alm (Österreich) um 4 Uhr in der Früh, zieht sich der 26 km lange Weg über 9 bis 10 Stunden über das Steinerne Meer, Funtensee (hier wird der Almsegen gespendet) und Kärlinger Haus, über die Saugasse nach St. Bartholomä. Durchschnittlich 2.000 Wanderer pilgern diese strapaziöse, aber auch besinnliche Route, umrahmt von spontanen Musikeinlagen und zwei Bergmessen. An der deutsch-österreichischen Grenze muss gegenüber der bayrischen Polizei offiziell „um Einlass gebeten werden". Dies ist aus der Zeit erhalten geblieben, als Zöllner noch an der Grenze patrouillierten. Die Almer Wallfahrt findet immer am Samstag nach dem 24. August statt.

Den Wechsel vom Sommer in den Herbst beschreibt das Erntedankfest. Aufgrund der landwirtschaftlich ausgeprägten Gegend kommt diesem Fest eine besondere Bedeutung zuteil. Mit feierlichen Prozessionen und Gottesdiensten wird – wie der Name schon sagt – für die eingebrachte Ernte gedankt. Das Erntedankfest findet am ersten Sonntag im Oktober statt, die Entstehung dieser Tradition reicht sogar bis in die Bibel zurück. Die Kirchen werden zum Dank festlich geschmückt und die Altäre mit Feldfrüchten umlegt. Nach dem Gottesdienst werden noch Speisen geweiht. In vielen Gegenden finden Sie zu diesem Fest eine große Erntekrone aus Heu.

Ein besonderes Highlight der Kultur- und Brauchtumsgeschichte, nicht nur im Berchtesgadener Land, sondern im gesamten Alpenraum Deutschland und Österreich, ist der Almabtrieb. Wenn der Graswuchs nachlässt und die Kälte einzieht, wird das Ende des Bergsommers eingeläutet. Als fixer Tag gilt der 24. August (Bartholomäus-Tag), ab da beginnen die Vorbereitungen. Die Tiere befanden sich dann über den Bergsommer hinweg fast 100 Tage auf der saftigen und nahrungsreichen Alm. Dieser Brauch wird seit Jahrhunderten gepflegt. Der Grund hierfür ist recht einfach. Aufgrund der Futterknappheit im Tal brachte man das Vieh im Sommer auf die viel bewachsene Alm, so gab es für den gesamten Tierbestand keine Engpässe. Bis heute sind die Senner und Sennerinnen Tag und Nacht auf der Alm, hüten die Kühe und Rinder und bewirten nebenbei vorbeiwandernde Gäste mit selbstgemachtem Käse oder frischer Kuhmilch.

Ab Bartholomäus (24. August) wird damit begonnen, den traditionellen Kopfschmuck der Kühe herzustellen. Im Berchtesgadener Land werden diese „Fuikln" genannt. Die aufwendige Handarbeit ist ebenfalls seit Jahrhunderten überliefert und diese „Kronen" werden seit Generationen auf die gleiche Art hergestellt. Die „Fuikln" kommen allerdings nur zum Einsatz, wenn weder Tieren noch Familienmitgliedern des Bauern über den Bergsommer hinweg kein Unglück passiert ist. Auch die Landwirte und Senner sind festlich gekleidet. Die Tiere werden hinunter ins Tal begleitet, an der „Scheid" geteilt und den Bauern übergeben. Der Abtrieb wird begleitet durch ständiges und rhythmisches Läuten der Kuhglocken. Der ganze Zug macht sich also schon von weitem bemerkbar. Ein einprägsames Schauspiel für Jung und Alt.

Der ohnehin schon spektakuläre Almabtrieb wird nochmal getoppt vom „Abzug" von der Saletalm und der Fischunkelalm. Dieser Almabtrieb findet nämlich über den Königssee, also zu Wasser statt. Aufgrund ihrer Lage sind die Rückwege von diesen Almen nach Schönau, also zum Nordufer des Königssees, kaum oder nur schwerlich über das Gebirge machbar. Große Transportschiffe, sogenannte „Landauer", bringen die Tiere zurück an das Nordufer, von wo sie in den heimischen Stall geführt werden. Früher wurden die Tiere zurück gerudert, aber schon über 100 Jahre lang werden diese mit leistungsstarken Elektromotoren ausgestatteten „Landauern" transportiert. Die ca. 30 Tiere sind die einzigen im gesamten Alpenraum, die per Schiff ihren Almabtrieb erleben dürfen. Erst nach Ankunft an der Seelände Königssee, also dem Nordufer, werden die „Fuikln" angebracht und auch da nur, wenn den

Sommer über kein Unglück geschehen ist. Während des Transportes auf dem Königssee ist übrigens noch nie etwas passiert, diese Art des Transportes ist für die Kühe und Rinder auch keine sonderliche Belastung.

Der Almauftrieb erfolgt hingegen meist unspektakulär. In aller Frühe treibt der Bauer seine Tiere auf die Alm und wird dabei meist von Familie und Freunden unterstützt. Tag und Termin werden vom Bauer festgelegt und richten sich nach Wetter und dem allgemeinen Zustand. Besondere Traditionen hierfür gibt es nicht, Schmuck usw. kommt hier nicht vor. Der Almauftrieb für Saletalm und Fischunkelalm erfolgt, wie der Abtrieb auch, über den Königssee.

WISSENSWERTES ZUM ALMABTRIEB

Während der Auf- und Abtriebe kommt es immer zu Verkehrsbehinderungen. Gerade am Berg bedeutet das für die Autofahrer mitunter lange Wartezeiten. Es wird Sie auch kein Zug vorbeilassen. Es gilt immer „Kuh hat Vorfahrt". Gleiches gilt natürlich auch für die Radfahrer und Mountainbiker.

Die Almabtriebe besitzen zwar eine lange Tradition und Brauchtum, sie sind aber terminlich nicht gebunden. Daher werden diese nicht als große Events gefeiert. Vielmehr erfolgt Planung und Ablauf in Eigenregie der jeweiligen Familien. Zusammenhängende Almen schließen sich dafür auch zusammen. Ein Almabtrieb ist daher weder terminlich noch im Ablauf planbar. Bei schlechtem Wetter kann sich der Zug um Stunden verzögern oder kurzfristig sogar ganz abgesagt werden. Auch der prunkvolle Schmuck der Kühe ist nicht gewährleistet, da dieser nur angelegt wird, wenn dem Sommer über kein Unglück geschehen ist (bereits beschrieben).

Richtwerte für den Auftrieb (Ende Mai) und Abtrieb (Ende September/Anfang Oktober) sind zwar gegeben, können aber aus den genannten Gründen variieren.

Auch, oder besser vor allem, in der Weihnachtszeit erlebt man ein Festhalten an Traditionen und Werten. Mit das lauteste ist das Böllerschießen der Weihnachtsschützen. Eine Woche vor Heiligabend um 15 Uhr beginnt dieses Böllerspektakel. Während Lärm, Knall und Schüsse traditionell dazu dienen, böse Geister zu vertreiben, wird mit diesen Böllerschüssen das Christkind begrüßt. Dies wiederholt sich täglich bis zum 24. Dezember zur gleichen Uhrzeit. Das eigentliche Weihnachtsschießen beginnt am Heiligabend um 23.30 Uhr und endet um Mitternacht. Aufgrund des bergigen Umlandes, in Verbindung mit dem Talkessel, hallen die dumpfen Schüsse beeindruckend wider. Man kann sich dieser mystisch anmutenden Tradition, in Verbindung mit dem schneebedeckten Umland, nicht verwehren. Man wird einfach gepackt. Eine Lokalisierung der Schützen macht übrigens wenig Sinn – es hallt im ganzen Tal. Das Gleiche findet übrigens rund um Silvester und Neujahr statt. Von 0 Uhr bis 0.15 Uhr wird das neue Jahr lautstark willkommen geheißen.

Sind Sie zur Adventszeit im Berchtesgadener Land, dann gehört eine Weihnachts-Messe in St. Batholomä am Königssee zum absoluten

Pflichtprogramm. Selten ist man dem Sinn Weihnachtens so nahe gekommen. Es herrscht eine besondere Stimmung, die man gar nicht richtig beschreiben kann. Vielleicht hängt es schon mit der Anreise zusammen. Während der Fahrt auf dem Königssee wird man bereits ungewollt auf die Messe eingestimmt. Das sanfte Rauschen des Elektromotors, die Geräusche vom Wasser, das an den Kiel prallt, das sanfte Wippen im Takt der Wellen.

Dazu das dargebotene Panorama mit der Steilwand des Watzmannmassivs, vermutlich schneebedeckte Gipfel, die in der Abenddämmerung zu leuchten beginnen. All das trägt zur Einstimmung auf diesen Abend bei. Auf dem gesamten Schiff ist die gleiche Stimmung – niemand redet, wenn dann leise. Schon hier empfindet man eine gewisse Besinnlichkeit. Die wird weiter gefördert bei der Ankunft in St. Bartholomä. Die beleuchtete Kapelle, im Hintergrund die emporragende Ostwand des Watzmannes. Bei Vollmond und klarem Himmel ein unbeschreiblicher Anblick. Während der Messe wird die Weihnachtsgeschichte von Ludwig Thoma in bayrischer Mundart vorgelesen, untermalt von bayrischer Musik. Sollten Sie sich zu dieser Zeit hier aufhalten, ein absolutes „Must have", das totale Kontrastprogramm zum vorweihnachtlichen Alltagsstress. Hier ist man dem Christkind so nah wie selten.

Kulinarisches

ESSEN UND TRINKEN

Jede Region hat ihre Eigenheiten zum Thema Essen und Trinken. So auch Berchtesgaden. Es ist ein Leichtes, sich in dieser Region gesund und vernünftig zu ernähren. Es gibt Wochenmärkte und viele Direktvermarkter, die ihre angebotenen Waren selbst anbauen. Die Speisen der Wirtshäuser sind auch nahezu ausschließlich mit Produkten aus der Region zubereitet. Mit jedem Bissen bzw. jedem Schluck schmecken Sie also die gesamte Region. Wir haben die wichtigsten Anlaufziele für Sie zusammengefasst. Egal, nach welchem Gusto – Sie werden fündig. Versprochen!

Eines vorweg – kehren Sie bei einer Wanderung

ruhig mal in eine Almhütte ein (genannt Almkaser) und genießen dort eine deftige Stärkung. Da der Warentransport zu vielen Hütten aufwendig und beschwerlich ist, sind Getränke- und Essensangebot oft nur auf das Notwendigste beschränkt. Meist gibt es selbstgemachte Produkte, wie Käse, Butter, Milch oder Buttermilch, zusammen mit einer kernigen Brotzeit (Speck, Schinkenbrot). Auch gerne genommen sind Knödel jeder Art. Auch wenn es nicht in einen Diätplan passt, gehört ein zünftiger Speckknödel zu einer Wanderpause einfach mit dazu. Das Gewissen lässt sich schnell beruhigen, die Wanderung ist ja schließlich auch nicht ohne.

HINWEIS

Machen Sie sich vor einer Wanderung schlau, welche Hütten sich auf Ihrem Weg befinden. Schauen Sie nach deren Öffnungszeiten und den angebotenen Speisen und Getränken. So können Sie sich einen ganzen Hinweg schon darauf freuen.

Jeden Freitag findet in der Berchtesgadener Fußgängerzone der Wochenmarkt statt. Die vielen Stände bieten regionale Spezialitäten an, wie Wurst und

Fleisch, Fisch und Gemüse, dazu hausgemachte Kuchen und Käsespezialitäten. Einige Stände präsentieren auch Kunsthandwerk und Dekoratives. Nehmen Sie am Ende Ihrer Reise ein Stück kulinarischen Urlaub mit nach Hause.

HINWEIS

Der Wochenmarkt findet am Weihnachtsschützenplatz in der Fußgängerzone statt. Im Advent zieht der Markt um zum „AlpenCongress", das ist nur ca. 200 m weiter östlich.

Viele Landwirte betreiben einen Hofladen als Direktvermarkter. Das bedeutet, dass Sie deren Produkte direkt „ab Hof" erwerben können. Diese regionalen, frischen und natürlich gentechnikfreien Lebensmittel werden zu fairen Preisen angeboten. Mit einem Kauf unterstützen Sie somit die Landwirtschaft und deren weitere, nachhaltige Entwicklung. Eine sinnvolle Alternative zu den Massenprodukten aus dem Supermarkt.

HINWEIS

Die Direktvermarkter haben sich 1993 zum *Verein Direktvermarkter* zusammengeschlossen und sich gewisse Qualitätsstandards auferlegt, wie z.B. absolut gentechnikfrei. Ziel ist die Förderung der regionalen Produkte und somit der Fortbestand der heimischen Landwirtschaft. Gesunde und saubere Lebensmittel an den Endverbraucher sind garantiert.

Geschenkideen? Verschenken Sie ein Stück kulinarischen Urlaub. Mit Rupertikörberl, Schmankerl-Schachtel oder Brotzeit-Sackl können Sie nichts falsch machen.

Ein besonderes Schmankerl, während unserer kleinen kulinarischen Reise durch Berchtesgaden, ist die Wildboutique. Hier erhalten Sie frisches Wildbret vom Reh-, Rot- und Gamswild sowie als besondere Rarität vom Muffelwild, und zwar in küchenfertigen Portionen und vakuumiert. Das Wild lebt und ernährt sich in der freien Natur. Dadurch hat das vitaminreiche Fleisch einen geringen Fettanteil, dazu wertvolle Mineralien. Wildfleisch ist durchaus variantenreich. Sie bekommen Braten und Gulasch, Steak und Bratwürste, Schinken und sogar Salami oder Knacker. Das erlegte Wild wird hygienisch verarbeitet, dadurch wird allerhöchste Qualität garantiert. Das angebotene Wildfleisch stammt ausschließlich von Tieren aus dem 28.000 Hektar großen Forstbetrieb Berchtesgaden, größtenteils aus dem Hochgebirge.

WILDBOUTIQUE – Öffnungszeiten
Montag bis Donnerstag: 8.00 - 12.00 Uhr und 13.00 - 16.00 Uhr
Freitag: 8.00 - 12.00 Uhr

https://www.baysf.de/fileadmin/user_upload/01-ueber_uns/05-standorte/FB_Berchtesgaden/Wildbret_Berchtesgaden.pdf

Das weiße Gold, das Salz, spielt im Berchtesgadener Land eine große Rolle. Die Saline Bad Reichenhall und das Salzbergwerk Berchtesgaden sind die größten Arbeitgeber der Region. Die bekannteste Salzmarke Deutschlands trägt ihre Region im Namen. Das Salz aus der Tiefe entstand vor ca. 250 Millionen Jahren durch die Verdunstung des Urmeers. Seitdem liegt es geschützt „unter Tage", von wo es seit ca. 500 Jahren abgebaut wird. In der Saline Bad Reichenhall wird das Salz zu geschmackvollen Gewürzsalzen und Salzspezialitäten verarbeitet.

Im Zeitraum September (Stichwort: Schulbeginn) bis in die Vorweihnachtszeit gibt es den Berchtesgadener Stuck. Hierbei handelt es sich um ein kugelförmiges Roggengebäck mit Rosinen, in der Vorweihnachtszeit auch gefüllt mit Gewürznelken und Zimt. Natürlich hat jeder Bäcker seine eigene Rezeptur, daher unterscheiden sich die einzelnen Stückchen nicht nur in Farbe und Geschmack, sondern auch in der Anzahl der Rosinen.

Bayern und Bier, zwei untrennbar miteinander verbundene Begriffe. Egal bei welcher Feierlichkeit, in Bayern wird Bier getrunken. Die regionale Verbundenheit der Berchtesgadener zeigt sich auch im Bierkonsum. Wie bei den Speisen auch, werden in den Gaststätten ausschließlich regionale Biere angeboten. Im Berchtesgadener Land brauen noch drei Brauereien nach dem bayrischen Reinheitsgebot von 1516 traditionell Bier. Das Hofbrauhaus in Berchtesgaden, Alpen Brauerei Bürgerbräu in Bad Reichenhall und die Privatbrauerei Wieninger. Jede dieser Brauereien besitzt einen Biergarten, in dem Sie sich nach einem anstrengenden Tag niederlassen können. Die Gemütlichkeit eines Biergartens lässt sich nicht wegdiskutieren. Ein würziges, bayrischen Bier, eine deftige Brotzeit oder ein herzhafter Schweinebraten runden einen Tag in den Bergen ab. Hier finden Sie alles, was das Herz (oder der Magen) begehrt. „Lassns eana schmecka".

Radweg Bier und Salz
Wie der Name schon sagt, geht es hier um das weiße und das flüssige Gold. Die ca. 60 km lange Strecke bietet einen relativ ebenen Rundkurs mit Start und Ziel Bahnhof Bad Reichenhall (bzw. Start am Bürger-bräu Bad Reichenhall, zur Stärkung) entlang der Saalach, über Freilassing und Teisendorf zum Hög-lwörther See. Sie begegnen drei weiteren Einkehr-möglichkeiten, bevor es dann an der Saalach zurück nach Bad Reichenhall geht.
Unbedingt beachten ⚠ Bitte gehen Sie vorsichtig mit Alkohol um, Sie befinden sich auf dieser Radtour im öffentlichen Straßenverkehr.

Eine weitere Spezialität im Alpenraum und im Berchtesgadener Land ist das Enzianbrennen. Um einen Enzianschnaps zu erhalten, werden die

Enzianwurzeln ausgegraben, gewaschen und mit einer speziellen Hacke zerkleinert. Mit den gehackten Wurzeln, Hefe und Quellwasser wird eine Maische angesetzt, bis nach einer Gärung der erste Brand destilliert werden kann. Nach einer weiteren Destillation (der sogenannte 2. Brand) lagern die Destillate in Eschenholzfässern. Spezialisiert und mit einem fast 300 Jahre alten Brennrecht ausgestattet ist die Enzianbrennerei Grassl in Berchtesgaden. Die Brennerei besitzt fünf Brennhütten, wovon drei im Nationalpark Berchtesgaden beheimatet sind. Eine davon liegt am Funtensee auf ca. 1.600 m. Die da gewonnene Enzianwurzel steht für besonders edle Brände. Der klassische Enzian liegt drei Jahre, der am Funtensee gewonnene benötigt sieben Jahre, um zur endgültigen Reife zu gelangen.

ENZIANBRENNEREI GRASSL

Die älteste Enzianbrennerei und Bergbrennerei Deutschlands steht für Tradition und Qualität. In der Brennerei in der Salzburger Straße können Sie einen Blick hinter die Geschichte der Brennerei und auf die Herstellung des bekannten Bergschnapses werfen. Bei dieser Besichtigung besteht natürlich die Möglichkeit, sich mit Enzian einzudecken, nebenbei finden Sie dort noch den Nachbau einer „Brennhütte", in der Sie Hausgemachtes (Käse, Salami, Speck u. Pfefferbeißer uvm.) kaufen können.

Öffnungszeiten: Mai bis Oktober:

Montag bis Freitag 9.00 - 18.00 Uhr (ab November bis 17.00 Uhr)

Samstag 9.00 - 16.00 Uhr (ab November bis 12.00 Uhr)

ÜBERNACHTEN

Im Berchtesgadener Land gibt es über 1.000 Möglichkeiten der Übernachtung. Ob Hotel, Gasthof, Pension, Ferienhaus, Ferienwohnung oder Bauernhof (in Schönau am Königssee gibt es sogar eine Jugendherberge). Ob Voll- oder Halbpension, Hotel Garny (also nur Frühstück) oder auch nur zur Übernachtung, Sie werden mit Sicherheit die passende Unterkunft finden.

Achten Sie bei der Suche nach Ihrem Bedarf. Planen Sie einen „Fahrradurlaub", achten Sie darauf, dass Sie in Ihrer Unterkunft Ihr Bike entsprechend abstellen und lagern können, bei E-Bikes evtl. sogar mit Ladestation. Im Winter beispielsweise das Gleiche mit entsprechenden Räumlichkeiten für Skier oder Rodel. Beachten Sie die unterschiedlichen Siegel (Fahrradsiegel, Wandersiegel). Die Häuser mit dem entsprechenden Kennzeichen sind für die Besonderheiten von Bikern und Wanderern gerüstet. Sie haben dort Möglichkeiten, das Rad in Schuss zu bringen, zu lagern, können Ihre Kleider trocknen und das Wichtigste: Ihr Gastgeber hat genügend Touren, zu Rad oder zu Fuß, und kann Ihnen hierfür wertvolle Tipps und Hinweise geben. Fragen Sie auch nach entsprechendem Kartenmaterial. Für Rad- oder Wanderurlaube sind bei Unterkünften mit den entsprechenden Gütesiegeln auch einzelne Übernachtungen buchbar.

Planen Sie einen Urlaub mit der Familie, beachten Sie das Siegel „Familienfreundlich" (meist gekennzeichnet mit einem Murmeltier, dem Mankei). Unterkünfte mit diesem Gütesiegel garantieren bestimmte Leistungen für die Kleinsten (Reisebett, Wickeltisch, Hochstuhl, entsprechende Nahrung, Wasserkocher, Flaschenwärmer etc.). Weiterhin gibt es genügend Spielmöglichkeiten drinnen und draußen.

Ob barrierefrei, mit Hunden, Liegewiese oder Tiefgarage. Sie werden für jede Vorstellung Ihre passende Unterkunft finden. Sollten Sie im Vorfeld Fragen haben, wenden Sie sich gerne an den Anbieter. Für die einfachste Detailsuche empfehlen wir die Internetseite www.buchen.berchtesgaden.de. Hier können Sie nach Lust und Laune stöbern, nach Wünschen und Vorstellungen filtern und so die für Sie passende Unterkunft auswählen.

Einen besonderen Punkt wollen wir aber nicht unerwähnt lassen – Wellness und Spa. Neben den öffentlichen Möglichkeiten bspw. in der Watzmanntherme gibt es auch im Berchtesgadener Land eine Vielzahl an Wellnesshotels. Ob Sauna mit Panoramablick, Indoor- oder Outdoorpool, Pflegebehandlungen oder ein romantisches Abendessen zu zweit. Auch für diese Art von Urlaub und Erholung stehen für jede Preisklasse genügend Alternativen zur Verfügung. Relativ einfach können Sie nach Gusto auswählen unter www.wellness-heaven.de. Hier müssen Sie bitte die Region Deutschland => Bayern => Berchtesgaden auswählen, dann stehen Ihnen die entsprechenden Hotels für Ihre Auswahl zur Verfügung.

Ein unvergessliches Schmankerl sind Ferien auf dem Bauernhof. Übernachten Sie mit Ihrer Familie auf einem Bauernhof. Genießen Sie die farbigen Wiesen, das duftende Heu oder das Wecken durch den Hahn. Gewinnen Sie einen Eindruck über die Tätigkeit eines Landwirtes, lassen Sie Ihre Kinder die Kühe füttern und den Stall ausmisten. Entgegen einem Urlaub im Hotel werden Ihre Kids einen Urlaub auf dem Bauernhof sicher niemals vergessen.

Umland

Der Markt Berchtesgaden ist unbestritten ein Schmuckkästchen, ein idyllischer Ort mit tollem Ambiente. Ein Hervorheben der Vorzüge Berchtesgadens ist gar nicht so einfach, da für die verschiedenen Möglichkeiten, sei es Sport oder Kultur, Tradition oder Brauchtum, oder auch der gesamten Stimmung, wie die Gebirgslandschaften, Täler und Natur, immer die gesamte Region mit einbezogen werden muss. Das Gesamtbild des gesamten Talkessels im Berchtesgadener Land ist beeindruckend und schafft diesen Wow-Effekt. Diesen Gedanken leben die fünf Gemeinden des Talkessels

(Berchtesgaden, Bischofswiesen, Schönau a. Königs-see, Marktschellenberg und Ramsau) als gesamte Tourismusregion. Dieses Miteinander zeigt sich auch in den Verbindungen der Wander- oder Rad-wege, Streckenpläne für Busse und Bahnen oder den Vergünstigungen der Gästekarte.

DAS BERCHTESGADENER LAND

Die Tourismusregion Berchtesgadener Land beher-bergt jährlich ca. 700.000 Gäste. Der südliche Teil dieser Region, der Talkessel, praktisch das Tor zum Königssee, ist umrahmt vom „Toten Mann" (Osten), „Untersberg" (Norden), „Oberau" und „Rossfeld" (Westen) sowie dem „Königssee" und „Grünstein" im Süden. Im Rahmen der Gebietsreform 1972 entstand der Landkreis Berchtesgadener Land. Bereits 1978 wurde der Nationalpark Berchtesgaden gegründet, dessen Hauptverwaltung in Berchtesgaden behei-matet ist. Im Jahre 1990 wurde der Nationalpark von der UNESCO zum Biosphärenreservat Berchtesga-den ernannt. Zwanzig Jahre später, im Juni 2010, er-folgte die Erweiterung zum Biosphärenreservat Berchtesgadener Land und ist somit anerkannte

Modellregion für nachhaltige Entwicklung.

2005 unternahm man per Bürgerentscheid den Versuch, die fünf Gemeinden im Talkessel zu einer Großgemeinde zusammenzulegen. Nachdem aber die Bürgerentscheide in Schönau und Bischofswiesen scheiterten, kam es in Ramsau und Marktschellenberg zu gar keiner Abstimmung. In Berchtesgaden stimmten allerdings fast 60 % der Wähler dafür.

Der Tourismus im Berchtesgadener Land besteht aufgrund der Sehenswürdigkeiten und Natur seit dem späten 19. Jahrhundert. Nach dem Zweiten Weltkrieg entwickelten sich die Besucherzahlen stetig aufwärts und erlebten Anfang der 90er Jahre ihren Höhepunkt, begründet in der Wiedervereinigung und damit verbundenen Zustrom an Besuchern aus den neuen Bundesländern. Um die Jahrtausendwende wurden die fallenden Zahlen erst einmal aufgefangen, dennoch muss man Jahr für Jahr weniger Besucher hinnehmen.

Prägnanteste Sehenswürdigkeiten sind der Watzmann und der Königssee. Daher wollen wir beide Naturschauspiele etwas genauer vorstellen.

DER WATZMANN

Der Watzmann, das majestätische Wahrzeichen der Tourismusregion Berchtesgadener Land, entstand vor ca 200 Millionen Jahren, als sich der Meeresspiegel absenkte. Vor ca. 25 Millionen Jahren, als Afrika und Europa kollidierten und sich durch die Kontinentalverschiebung die Alpen bildeten, wirkten enorme Kräfte und schoben das Kalk-Dolomitengestein in die Höhe. Durch diese Kollision entstand ein sehr großer, massiver Berg, der hoch über den Gipfeln des heutigen Gebirgsmassives lag.

Vor ca. fünf Millionen Jahren brach der obere Teil, das Gewölbe, bestehend aus Dachsteinkalk und Dolomit, weg und der entstandene Gletscher und Wettereinflüsse schürften ein Tal zwischen die ehemaligen Sockel. Dieses Tal nennt man heute das Wimbachgries bzw. Wimbachtal, welches sich am Watzmann vorbei bis in das Steinerne Meer zieht. Die beiden Sockel, die durch das Wimbachgries geteilt wurden sind heute Watzmann und Hochkalter. Dadurch bekommt man in etwa eine Vorstellung, wie hoch der damalige Berg gewesen sein muss. Die Wimbachklamm ist monumentaler Zeitzeuge dieser Erosionen und Gesteins- und Geröllablagerungen.

Noch heute sind diese Geröllmassen aufgrund der Schwerkraft ständig, aber kaum erkennbar, in Bewegung. Starke Regenfälle begünstigen diese Abtragung.

Heute ist der Watzmann mit 2713 m der höchste Berg der Berchtesgadener Alpen. Nach Zugspirze (2962 m) und Hochwanner (2744 m) ist der Watzmann der dritthöchste Berg Deutschlands. Nachdem über die beiden anderen Berge aber die deutsch-österreiche Grenze verläuft, ist der Watzmann der höchste Berg in Deutschland, dessen Basis und Hauptgipfel sich komplett auf deutschem Staatsgebiet befinden. Typisch für den Watzmann, und somit auch leicht zu erkennen, ist seine einprägsame Form. Diese Silhouette prädestinierte ihn auch als Markenzeichen der gesamten Region Berchtesgadener Land. Auf der einen Seite die höchste Spitze, in der Mitte eine Kuhle und auf der anderen Seite wieder empor, machen den Watzmann sofort erkennbar (diese Ansicht ist von Norden her betrachtet). Der Watzmanngipfel, die Mittelspitze (2713 m) wird auch Großer Watzmann genannt, die Südspitze (2307 m) Watzmannfrau. Die dazwischen liegenden, kleineren Gipfel nennt man die Watzmannkinder

(2213 m bis 2270 m). Die Benennung, nach der Optik in „Watzmannfamilie" ist auch begründet in der Watzmannsaga.

Um das 19. Jahrhundert begann der der Alpinismus und immer mehr wagten sich auf die Berge. So auch auf den Watzmann. Als Erstbesteiger der Mittelspitze ist der Österreicher Valentin Stanic verewigt. Wenige Tage, nachdem Stanic den Großglockner bestieg, erklomm er als erster den Watzmann. Den Aufstieg wählte er vom Hocheck her. Es dauerte über 30 Jahre, bis die Südspitze erstmals bestiegen wurde. Dies gelang 1832 dem österreichischen Geistlichen und Alpinisten Peter Karl Thurwieser. Er bestieg die Südspitze vom Schönfeld aus. Nochmal 30 Jahre später, im Jahre 1868 kam es zur ersten, und heute berühmt-berüchtigten, Watzmannüberschreitung. Dies gelang dem einheimischen Ramsauer Bergführer Johann Grill. Er bestieg nacheinander Hocheck – Mittelspitze – Südspitze und 13 Jahre später, im Jahre 1881 durchquerte er als erster die nicht minder berühmte Watzmann Ostwand. 14 Stunden benötigten der erste Bergführer Deutschlands und der österreichische Alpinist Otto Schück, der zu der Zeit auf dem Hof Grills als Gast zugegen war. Seit dieser

Erstdurchquerung ließen über 100 Bergsteiger an der Watzmann Ostwand ihr Leben, vielmehr als beispielsweise an der, nicht minder berühmten, Eiger Nordwand. Auch darin ist mit Sicherheit ihr Mythos begründet.

Die mit 1800 Metern höchste Steilwand der Ostalpen liegt hinter St. Batholomä am Königssee und verleiht der Kirche mit dem roten Zwiebeltürmen ein unvergleichbares Panorama. Auch deshalb wird die Watzmann Ostwand „Bartholomäwand" genannt. Im Grunde ist die Besteigung der Ostwand technisch gar nicht so anspruchsvoll, allerdings zeigen die Fakten von 1800 Metern Wandhöhe und einem 3 km langen Klettersteig, die Dimensionen dieser Tour. Der Weg geht von St. Bartholomä bis hoch zur Südspitze, hierfür sind verschiedene Routen möglich. Der Aufsteig ist stark wetterabhängig, selbst im Sommer ist mit Schneeabgängen zu rechnen. Erst nachdem der Altschnee weitestgehend abgegangen ist, beginnen die Bergführer mit den geführten Durchquerungen. Gerade wenn viele Touren an der Wand unterwegs sind, besteht erhöhte Steinschlagfefahr. Ungeübten Kletterern wird von einer Durchquerung der Ostwand dringend abgeraten. Sie klettern seillose Passagen ohne Sicherung. Was ebenfalls beachet werden sollte - beim Abstieg von der Südspitze gibt es kein Mobilfunknetz.

Am Fuße der Ostwand befindet sich die Eiskapelle. Vor ca. 100 Jahren lag hier noch ein Gletscher, der aber aufgrund des Klimawandels nicht mehr als solcher angesehen wird. Das untere Ende dieses Schneefeldes liegt auf ca. 1000 Höhenmeter und ist damit das am tiefsten gelegene Firneis der deutschen Alpen. Die Eiskapelle erhält Nahrung von den Lawinen und großen Schneemassen, die an der Ostwand abgehen. Im besonderen Wandwinkel sammeln sich diese Massen und bilden durch den entstandenen Hohlraum eine Höhle, die Eiskapelle. Ihr Eingang gleicht einem „Tor in den Gletscher". Durch Schmelzwasser und die Niederschläge, die über die Ostwand abfließen, wird das Schneefeld verkleinert, was aber eine Vergrößerung der Hohlräume zur Folge hat. Mit eintreten des Winters und entsprechenden Schneefall und Lawinen, wird die Eiskapelle wieder gespeist, die Höhle verkleinert sich. Die heißen Sommer machen der Höhle zu schaffen. Auch Experten sind sich nicht im Klaren, was der Klimawandel für Auswirkungen für die Eiskapelle hat.

Durch den Sommer-Winter-Wechsel kommen immer wieder Schneemassen nach, ein schier endlos wirkender Kreislauf wurde vor Jahrhunderten in Gang gesetzt, der bis heute anhält. Der Jahreszeitenwechsel hat auch zur Folge, dass sich dieser Hohlraum stetig verändert. Ein wahres Naturschauspiel. Auch deshalb zählt das Bayrische Landesamt für Umwelt die Eiskapelle zu den 100 besten Geotopen. Die Eiskapelle gilt als ständig einsturzgefährdet und ist mittlerweile dauerhaft gesperrt. Durch herabstürzende Eisbrocken hat es schon Tote gegeben. Eine Wanderung zur Eiskapelle ist nur über St. Bartholomä möglich. Dies bedeutet, dass Sie mit dem Schiff über den Königssee müssen.

Dann geht ca. 6 km entlang im Eisbachtal, erst Richtung der Kapelle St. Johann und Paul, dann durch ein kurzes Waldstück. Wenn Sie aus dem Wald herauswandern, laufen Sie an der mächtigen Ostwand vorbei über Felsbrocken das letzte Stück zur Eiskapelle. Insgesamt legen sie ca. 250 Höhenmeter zurück. Für diese Wanderung benötigen Sie ca. zwei Stunden. Bei Wanderungen ab St. Bartholomä ist die Laufzeit immer zu beachten, da die Abfahrtszeiten der Schiffe ja damit in Verbindung stehen.

WISSENSWERTES

Watzmannsaga: Der Sage nach regierte ein grausamer König namens Watze. Eines Tages trampelte er mit seinem Pferd eine Bauernfamilie zu Tode. Die Bäuerin verfluchte ihn und seine Familie zu Stein. Dann tat sich die Erde auf, spuckte Feuer und der König und seine Familie versteinerten. Aus dem Blut der Familie soll der Königssee entstanden sein. Betrachtet man den Watzmann von Norden, so erkennt man die Königsfamilie. Links die Watzmannfrau, dann die Kinder und rechts der emporragende König.

DER KÖNIGSSEE

Am Fuße des Watzmannes liegt der Königssee, ein wahres Schmuckstück, nicht nur im Berchtesgadener Land, sondern in ganz Bayern. Mit der Entstehung des Gewässers hat der Watzmann allerdings nichts zu tun. Vielmehr ist das Steinerne Meer, besser ein Gletscher aus dem Steinernen Meer verantwortlich. Dieser fräste sich ca. 200 m tief im Tal zwischen Watzmann und Hagengebirge Richtung Norden. Nach dem Gletscherrückzug füllte sich das

Becken, das mitgeführte Geröll staute das Wasser in Höhe vom heutigen Schönau und ließ den Königssee entstehen. Mit seiner Größe von knapp über 500 Hektar taucht der Königssee unter den TOP 100 der größten Seen Deutschlands eher im hinteren Bereich auf. Allerdings ist er an seiner tiefsten Stelle 192 m tief, was ihn mit zum tiefsten See Bayerns macht, zusammen mit dem Walchensee. Mit einer Länge von ca. 7 km und einer Breite von 1,2 km, dazu die Gebirgsflanken auf den Ost- und Westseiten, ist die fjordähnliche Charakteristik das auffallende Merkmal des Königssees.

Im Süden wird der See vom Obersee gespeist, im Norden wird über die Königsseer Ache, übergehend in die Berchtesgadener Ache, übergehend in die Königsseeache bei Salzburg in die Salzach entwässert. Der Königssee hat Trinkwasserqualität. Da im Einzugsgebiet allerhöchstens Almwirtschaft betrieben wird, die Siedlungen rund um den See seit den 80er Jahren an die Kanalisation angeschlossen sind, das Abwasser von St. Bartolomä und der Saletalm ebenfalls über unter Wasser verlegte Rohre in die Kanalisation geleitet wird und die Schifffahrt auf dem Königssee seit 1910 mit Elektrobooten fährt, ist das

Wasser extrem nährstoffarm und somit als Trink-
wasser geeignet. Er zählt mit zu den saubersten Seen
Deutschlands. Sein grünes Wasser kommt von den
Kalkpartikeln im Wasser, die das einfallende Licht
grün schimmernd brechen.

Über die Entstehung des kleinen Bruders, dem
Obersee, gehen die Meinungen auseinander. Mönche
berichten aus überlieferten Erzählungen von einer
gewaltigen Naturkatastrophe. So soll ein massiver
Bergabgang vor ca. 1.000 Jahren den Obersee vom
Königssee getrennt haben. Geologen bezweifeln
dies. Gesteinsproben zur Folge besteht die Trennung
seit Beginn an.

Aufgrund der Lage des Königssees, eingebettet
im gebirgigen Umland, hat die Schifffahrt schon immer hohen Stellenwert. Die Geschichte der Königs-
see-Schifffahrt reicht bis ins 18. Jahrhundert zurück.
Damals wurden Touristen, Waren und Tiere mit einem Ruderboot befördert. Nach und nach hielten
auch dampf- oder petroleumbetriebene Schiffe Ein-
zug. Diese wurden aber schon damals aus Umwelt-
schutzgründen nicht weiter zugelassen. Prinzregent
Luitpold, ein leidenschaftlicher Jäger, hatte Angst,
dass das Wild aufgrund der Lautstärke vertrieben

werden würde. Darum verordnete er 1910, dass auf dem Königssee nur elektrobetriebene Boote fahren dürfen. Die Personenschifffahrt am Königssee wird von der Schifffahrt Königssee betrieben. Sie verfügt über 18 fast baugleiche Elektroboote, mit einer Kapazität von maximal 93 Personen (Aufgrund von Gepäck und Kinderwagen etc. werden meist nur maximal 80 Personen befördert). Mit ca. 12 km/h gleiten die Schiffe ziemlich lautlos dahin. Bis St. Batholomä benötigen Sie somit ca. 30 Minuten, bis zum Südufer/Saletalm ca. 60 Minuten. Die Fahrten finden im Hop on / Hop off – Modus statt, das heißt, Sie können bei jeder Hin- und Rückfahrt in St. Bartholomä aus- und zusteigen. Übrigens werden die Schiffe auf der hauseigenen Werft gebaut und gewartet. Während der Fahrt erfolgt keine Bewirtung und es gibt keine Toilette. Private Boote sind übrigens nicht zulässig, ebenso wie das Tauchen. Sie können aber bei der Schifffahrt Königssee Ruderboote anmieten.

DAS DOPPELTE TRINKGELD

Ihr Schiffskapitän wird vor der großen Echowand (auf ca. halber Strecke nach St. Bartholomä) das Boot stoppen, sein Flügelhorn oder die Trompete zur Hand nehmen und gegen die Echowand spielen. Man kann das einfache oder manchmal auch zweifache Echo genießen. Ihr Bootsführer verlangt dann charmant nach einem Trinkgeld, das bitte gerne doppelt so hoch sein sollte, wie angedacht. Schließlich muss er ja seinem Kompagnon, der oben am Berg sitzt und zurückspielt, die Hälfte abgeben.

Der Königssee gehört zu den Alpenseen, die den Winter über meist eisfrei bleiben. Um den See komplett gefrieren zu lassen, sind Windstille und lang anhaltende tiefe Temperaturen nötig. Diese Kälte muss spätestens im Herbst beginnen. Letztmals war das 2006 der Fall. Statistisch kommt das einmal im Jahrzehnt vor (zuletzt 1987 und 1997). Ab einer Eisdicke von mindestens 15 cm wird der See zur Begehung freigegeben für Fußgänger, Radfahrer und Langläufer (mit PKW natürlich verboten). Mit der Freigabe wird ein Wanderweg AUF dem Königssee markiert. Das hängt damit zusammen, dass das Eis nicht gleichmäßig dick ist. Auf der westlichen Seite ist das Eis etwas dünner als auf der östlichen Seite, daher sollte der Weg unbedingt eingehalten werden. Die Markierung verläuft über der dicksten Eisschicht. Da dieses Naturschauspiel so selten vorkommt, ist das Wandern auf dem Königssee eine Attraktion mit entsprechend großem Interesse. Fast 60.000 Besucher wanderten 2006 auf dem See nach St. Bartholomä.

Bleiben wir beim berühmten Wahrzeichen des Königssees, die Wallfahrtskirche St. Bartholomä. Benannt nach dem Schutzheiligen der Almbauern, St. Bartholomäus, ist die 1733 nach heutiger Gestalt fertiggestellte Barockkirche mit ihren roten Kuppeldächern ebenfalls ein Markenzeichen der gesamten Region. Die Kirche befindet sich auf der Halbinsel Hirschau, am Westufer, und ist nur über den Wasserweg oder einen beschwerlichen Gang durch das Gebirge erreichbar. Ein Weg führt über die Kührointalm und dauert ca. 4 bis 5 Stunden. Hierbei müssen aber einige Höhenmeter absolviert werden. Die einzige Landzunge auf dem Königssee entstand durch ein jahrtausendelanges Ablagern von Geröll- und Verwitterungsschutt, den der Eisbach vom

Watzmann und seiner Ostwand ins Tal abgetragen hatte. Da dieses Naturschauspiel andauert, mit bloßem Auge aber nicht zu erkennen ist, gehen Experten davon aus, dass dieser Geröllschutt in weiteren, mehreren tausend Jahren den Königssee geteilt haben dürfte. Auf der 85 Hektar großen Halbinsel befindet sich neben der Kirche noch das Jagdschlösschen mit Gasthaus. Nach einer anstrengenden Wanderung genießen Sie in der Fischerei einen geräucherten Saibling (natürlich aus dem Königssee) mit Butterbrot und einem Bier. Das Ganze bei strahlendem Sonnenschein mit einem Ausblick auf den See oder die Ostwand. Mehr geht nicht.

In Verbindung mit dem Königssee haben Sie eventuell mal den Begriff *Malerwinkel* gehört. Hier handelt es sich um einen Aussichtspunkt am Nordufer, von dem Sie eine sagenhafte Perspektive auf die gesamte Länge des Königssees haben. Eingebettet in die beiden Steilwände, dahinter das Steinerne Meer mit der Schönfeldspitze, rundet die spiegelnde Oberfläche des Königssees dieses herrliche Panorama ab. Je nach Jahreszeit finden Sie an dieser Aussicht ein herrliches Farbenspiel, ein Wechselspiel von Hell und Dunkel, von Nah und Fern und darunter immer wieder der stille See, der sich spürbar diebisch freut, in dieser Perspektive das Accessoire zu sein, das dem Bild seine Einzigartigkeit verleiht. Diese Ansicht ist übrigens ein oft kopiertes Motiv in der Landschaftsdarstellung. Somit dürfte auch erklärt ein, woher der Begriff *Malerwinkel* kommt. Dieser Aussichtspunkt ist Teil des Malerwinkel-Rundwanderweges, der vom Parkplatz Königssee startet (ca. 4 km).

Besonders oft erwähnt wird der Königssee, wenn es um Wintersport geht. Am nördlichen Ufer steht die weltbekannte Kunsteisbahn Königssee, für Bob-, Rodel, und Skeletonwettbewerbe. Die Hausstrecke von Berchtesgadens berühmtesten Wintersportler, dem Hackl Schorsch, ist ca. 1.600 m lang und mit (je nach Disziplin) 12 bis 16 Kurven ausgestattet, darunter die 360 Grad Kurve, das „Turbodrom". Seit den 70er Jahren fanden auf der Strecke, am Fuße des Grünsteingipfels, unzählige Welt- und Europameisterschaften sowie Weltcuprennen statt. Der Eiskanal kann ebenso als private Trainingsstrecke oder für Events gebucht werden, wie zum Beispiel von ProSieben als Ausrichter für die Wok-WM in den Jahren 2012 und 2014. Im Sommer werden die Kufen gegen Räder getauscht und Sie können echtes Bobfeeling, wie Tempo und Kurvendruck, am eigenen Körper erleben. Hinter einem erfahrenen Piloten rauschen Sie als Co-Pilot mit über 100 km/h die Betonrinne im Rennbob-Taxi hinunter. Sind Sie sportinteressiert, aber gerne auch ohne Adrenalin, können Sie eine Führung durch die Eisarena buchen.

Herstellung und Verlag:
BoD – Books on Demand, Norderstedt
ISBN: 9783751976350

© Vanessa Grapengeter 2020
1. Auflage
Kontakt: Psiana eCom UG/ Berumer Str. 44/ 26844 Jemgum
Covergestaltung: Fenna Larsson
Coverfoto: depositphotos.com